RONDO 4

Arbeitsheft

Herausgeber: Karl-Heinz Keller
Autoren: Karl-Heinz Keller
Othmar Kist

Inhalt

5. Auflage 2005.
Bestell-Nr. 4701-27 (ISBN 3-619-47127-4) zu Schülerbuch 4701-20

Umschlaggestaltung Karlheinz Arian Kolster, 79822 Titisee-Neustadt
Druck: Kehler Druck GmbH & Co. KG, 77694 Kehl, gedruckt auf umweltfreundlichen Papieren.

Thema (Melodie)

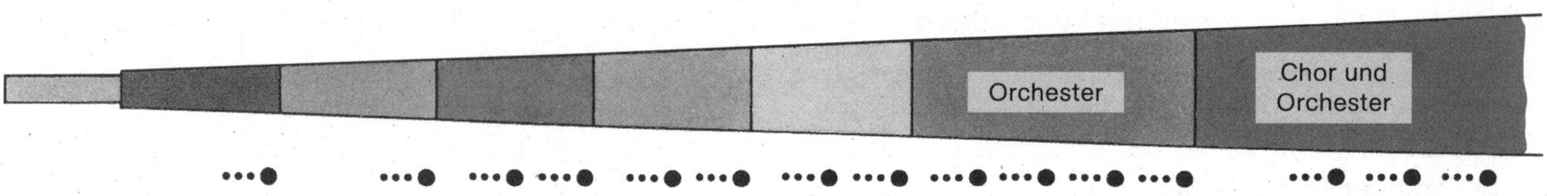

① Zeige die Melodie „O süßer Mond“ an den Noten mit.

② Ordne mit Strichen die Instrumente den einzelnen Teilen der Klangpartitur zu.

zu Seite 10, 11

① Ordne mit Strichen die Notenwerte den Balken zu.

A

B

C

D

E

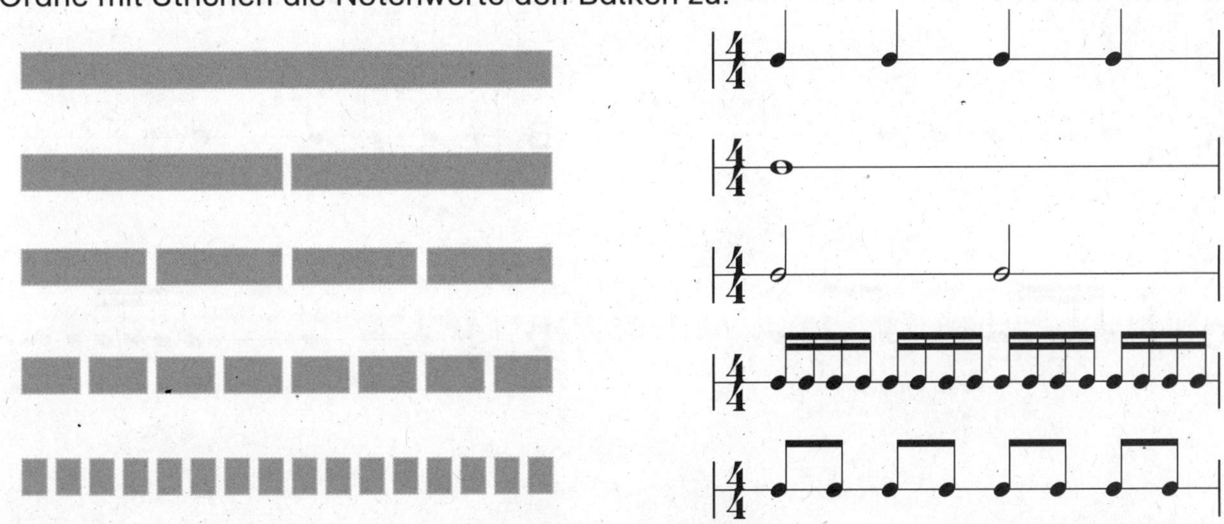

② Schreibe die entsprechenden Notenwerte unter die Balken.

F

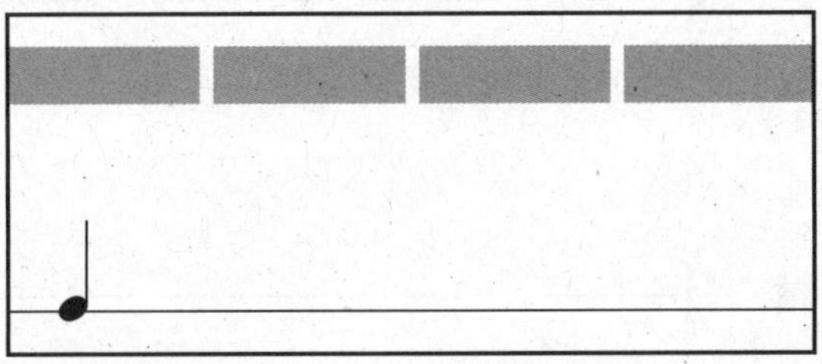

G

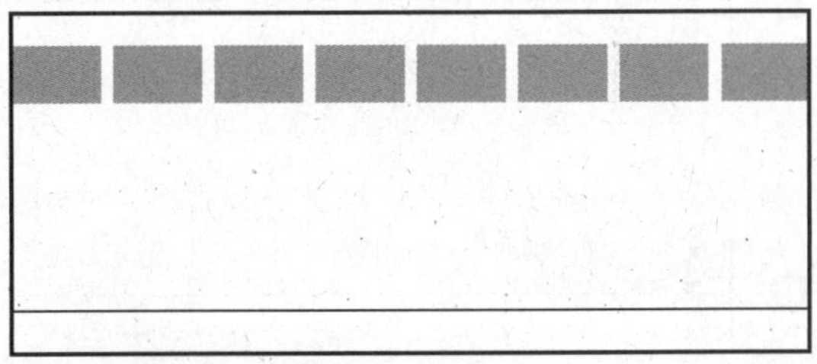

H

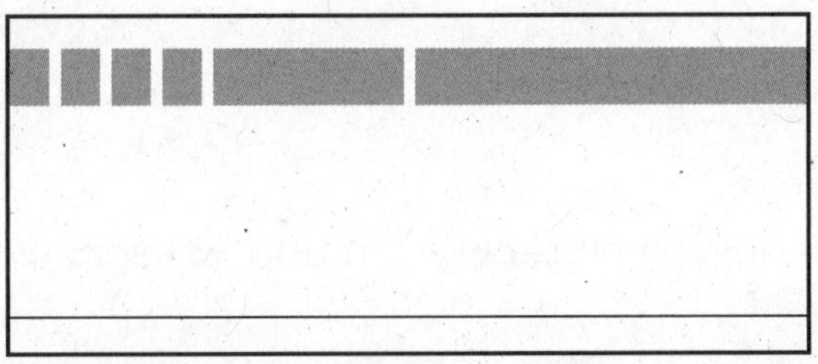

I

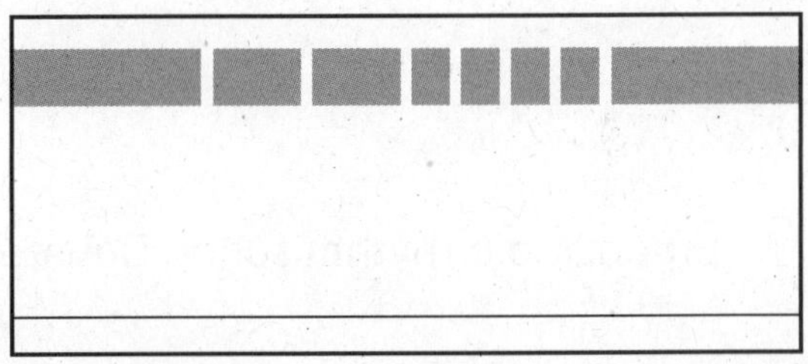

③ Zeichne die entsprechenden Balken unter die Notenwerte.

J

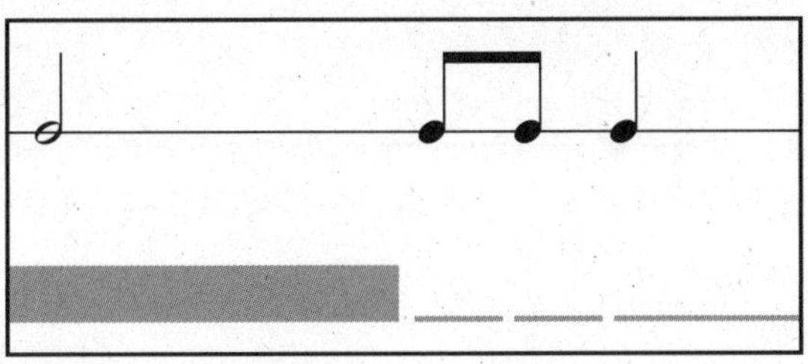

K

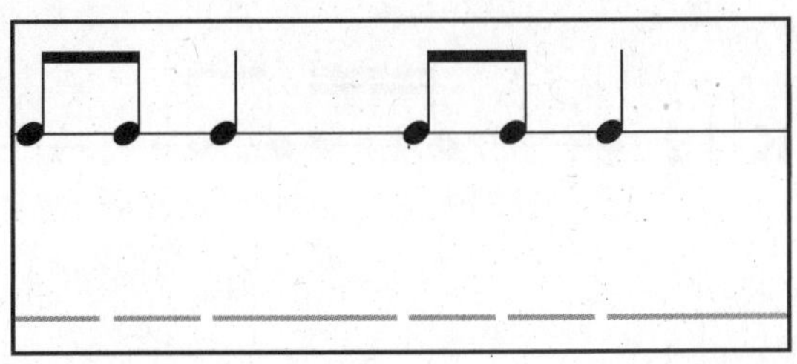

L

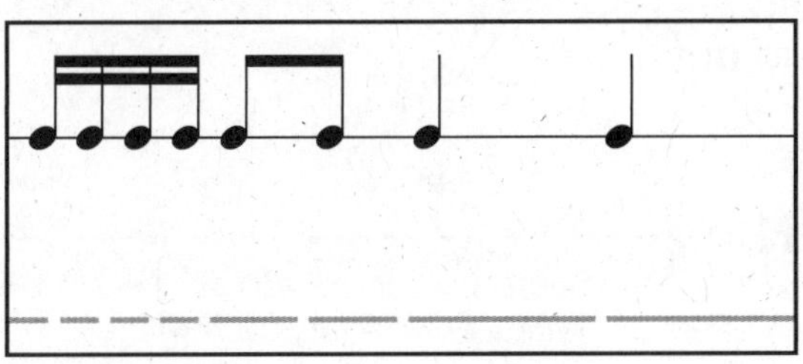

M

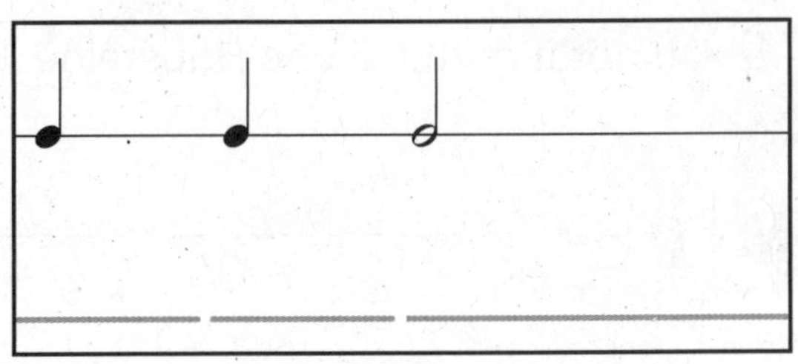

① Schreibe unter die Notenwerte und Pausenzeichen, wie man zählt.

A

B

C
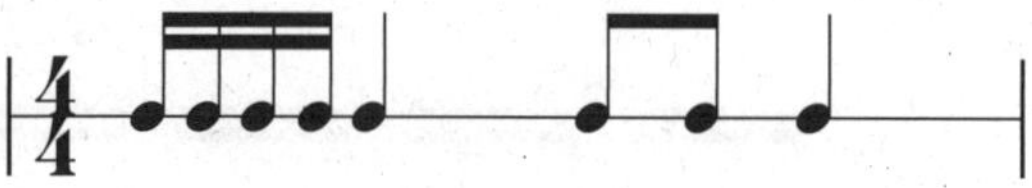

D

② Schreibe die Notenwerte über die Zahlen.

E
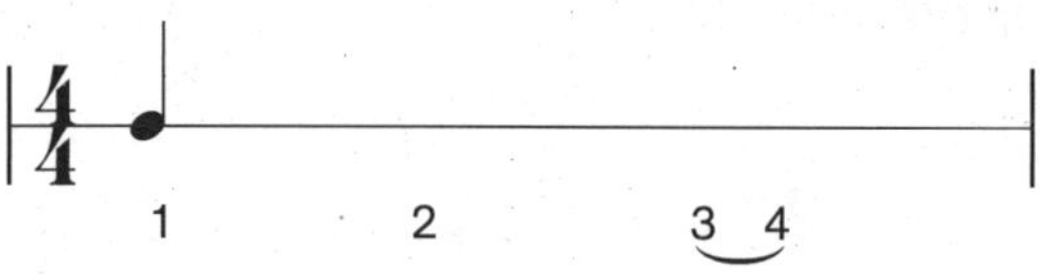

F
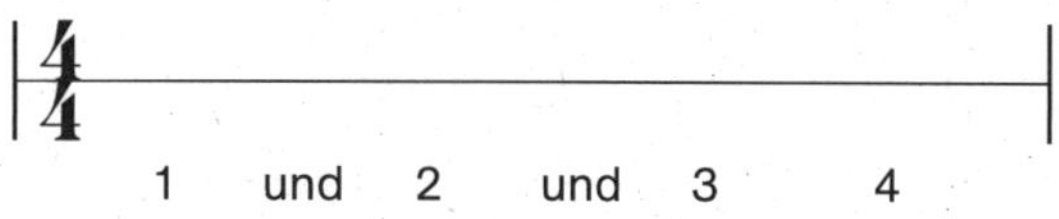

G
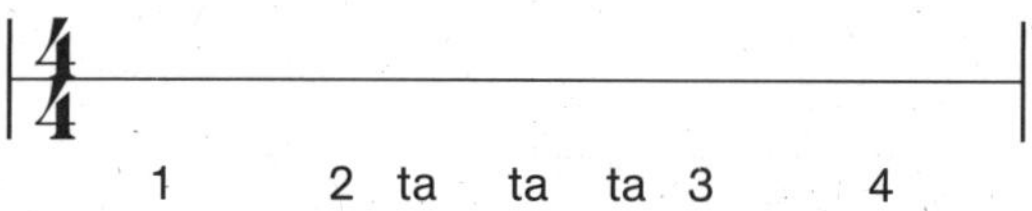

H
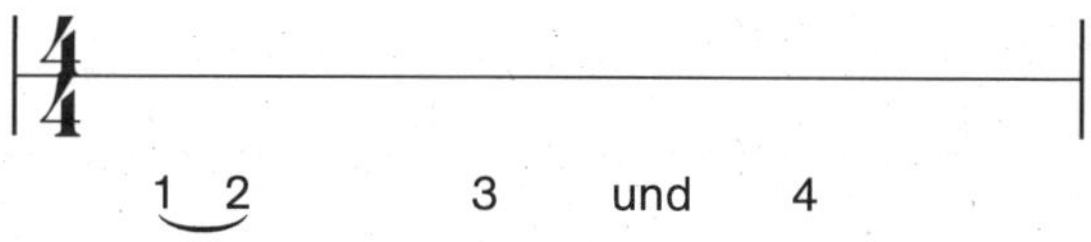

③ Ergänze die rhythmischen Bausteine mit beliebigen Notenwerten und Pausenzeichen.

I
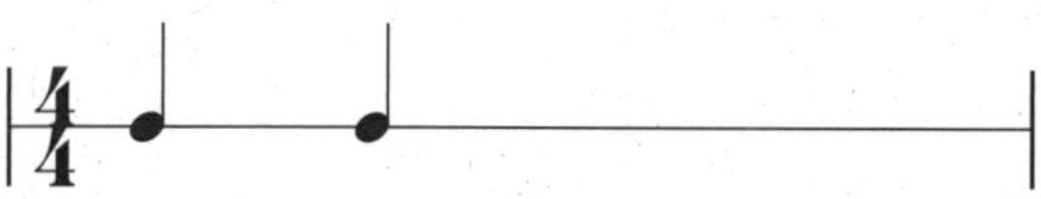

J
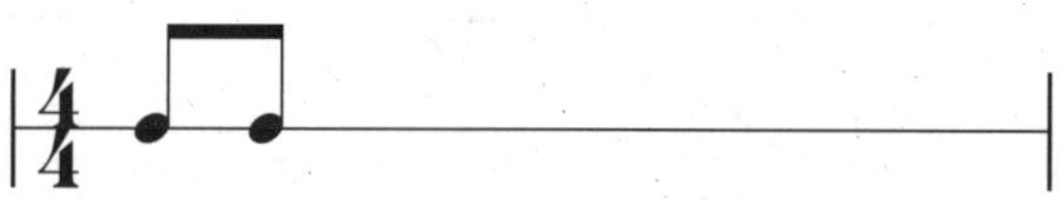

K

L
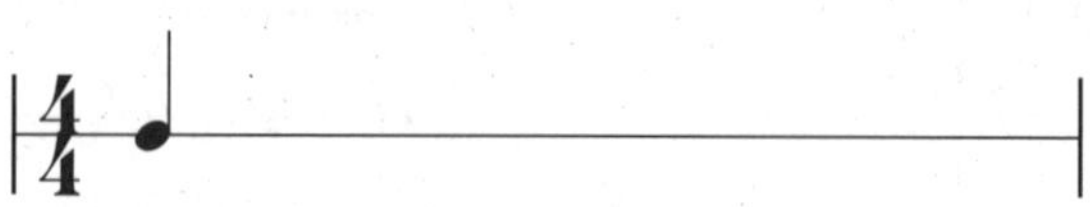

④ Du hörst rhythmische Bausteine. Schreibe sie auf.

M
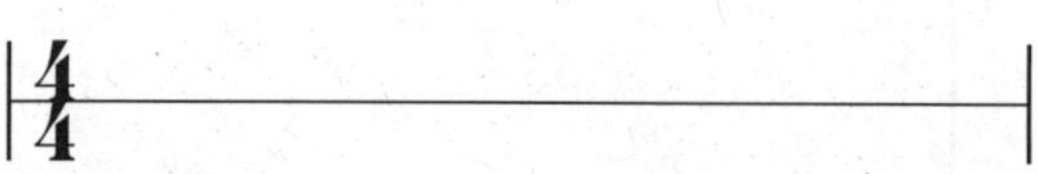

N
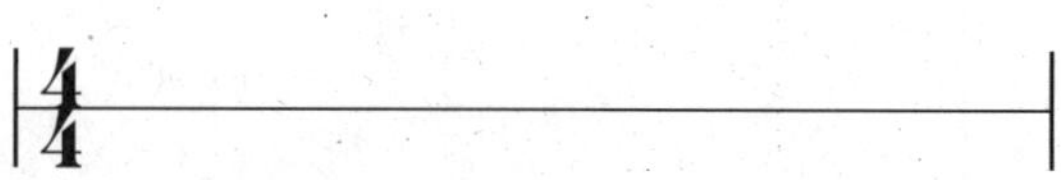

zu Seite 10, 11

① Schreibe unter die Notenwerte und Pausenzeichen, wie man zählt.

A 

B 

C 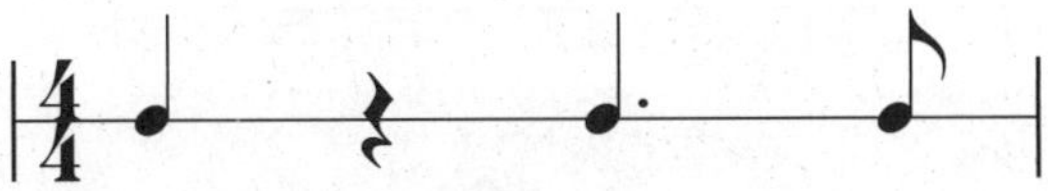

D 

② Schreibe die Notenwerte über die Zahlen.

E 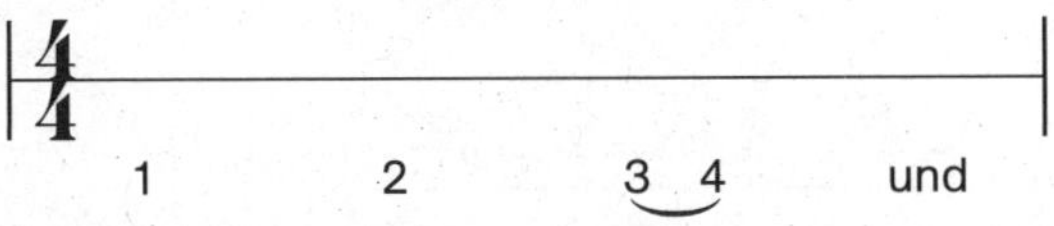

F 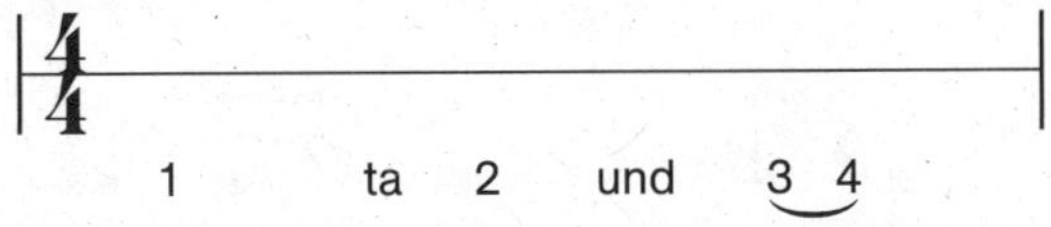

G 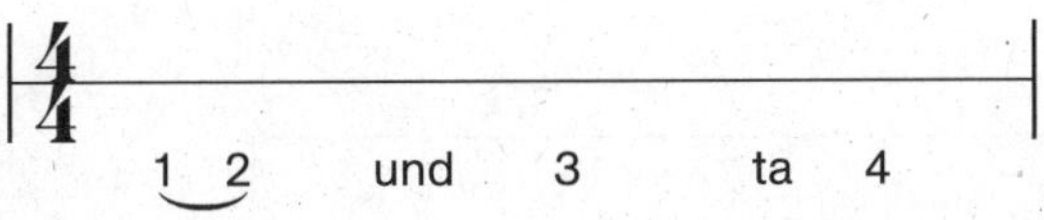

H 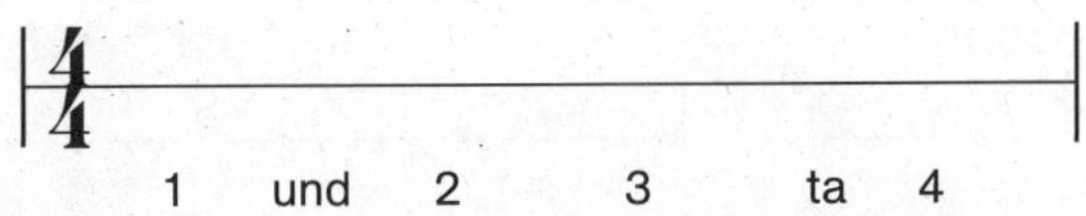

③ Ordne mit Strichen den Liedanfängen die passenden rhythmischen Bausteine zu.

Guni guni guni guni watschambo

Wenn ein neuer Tag beginnt

Dubi dubi dua dua dua dua

I 

J 

K 

① Nummeriere die rhythmischen Bausteine in der Reihenfolge, wie du sie hörst.

A 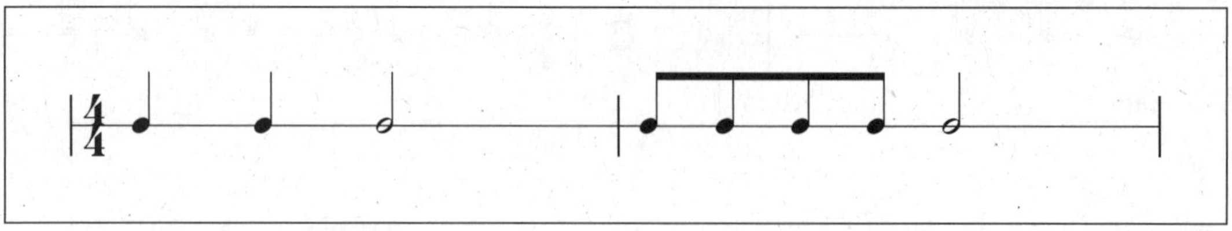

B 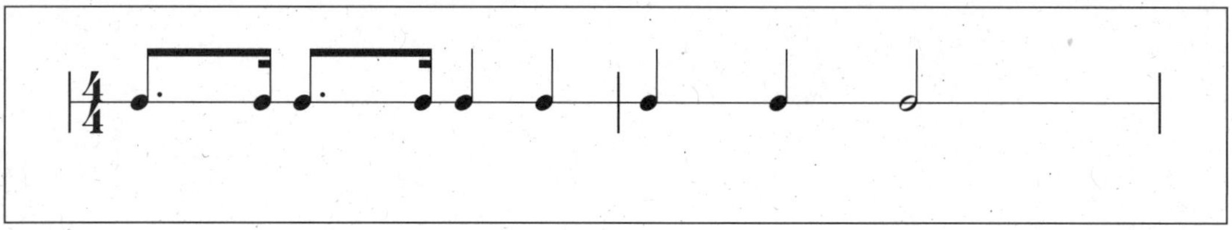

C 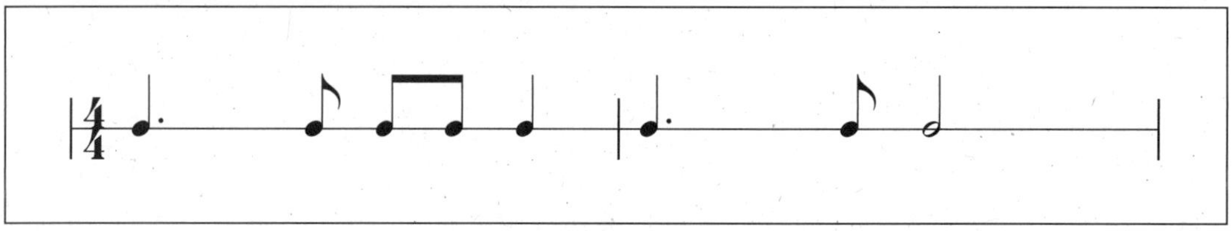

D 

② Du hörst rhythmische Bausteine. Schreibe sie auf.

E 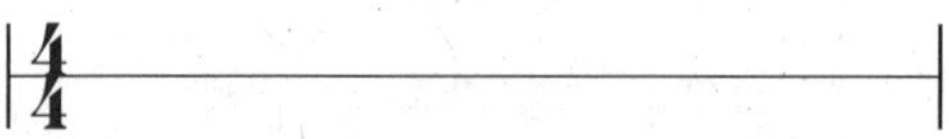

F 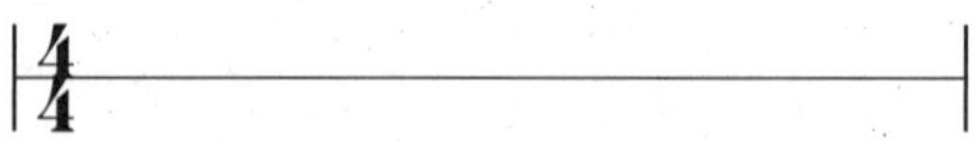

G 

H 

Jupiter, Bringer der Fröhlichkeit

Violinen

Meine Eindrücke:

Saturn, der Bringer des Alters

Flöten

Meine Eindrücke:

Uranus, der Magier

Fagotte

Trompeten und Posaunen

Tuba

Pauke

Meine Eindrücke:

Schreibe deine Eindrücke von der Musik auf.
Denke dabei auch an das Notenbild der drei Hörbeispiele.
(Es sind nicht alle Instrumente dargestellt.)

zu den Seiten 14 bis 17

Schneide die Kärtchen ⓐ bis ⓕ vom Ausschneideblatt 1 (Seite 43) aus.
Klebe sie zur Musik passend in die Tabelle ein.

	1. Ausschnitt	**2. Ausschnitt**
Mars, der Kriegsbringer		
Venus, die Friedensbringerin		
Neptun, der Mystiker		

Du hörst aus den Sätzen „Mars“, „Venus“ und „Neptun“ jeweils einen Ausschnitt. An der Art der Musik und an den Noten kannst du erkennen, welcher Planet jeweils gemeint ist. Trage den Namen des Planeten und das passende Kärtchen ein.

Planet: ____________________ Kärtchen: ◯

Planet: ____________________ Kärtchen: ◯

Planet: ____________________ Kärtchen: ◯

Schreibe zu jedem Bild den Namen des Instrumentes.

Trage die Namen in die entsprechenden Kästchen ein:

Saiten	Korpus	Steg	Schallloch	Sattel
Wirbel	Saitenhalter	Hals	Steg	

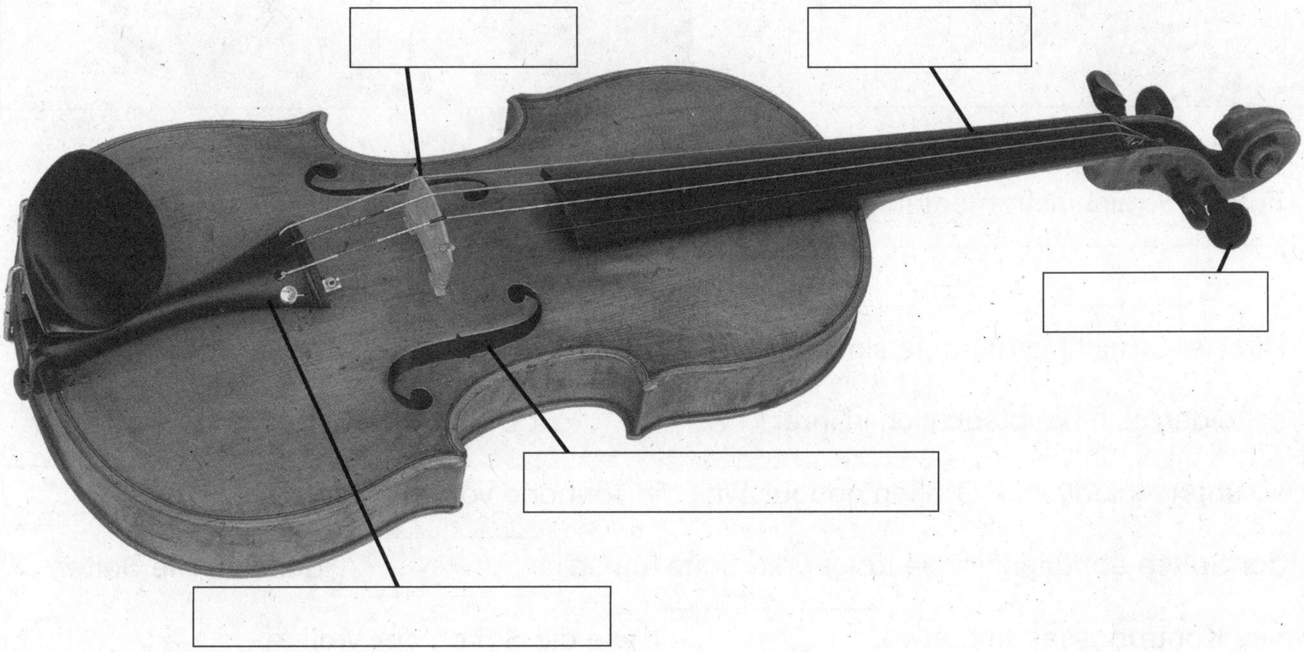

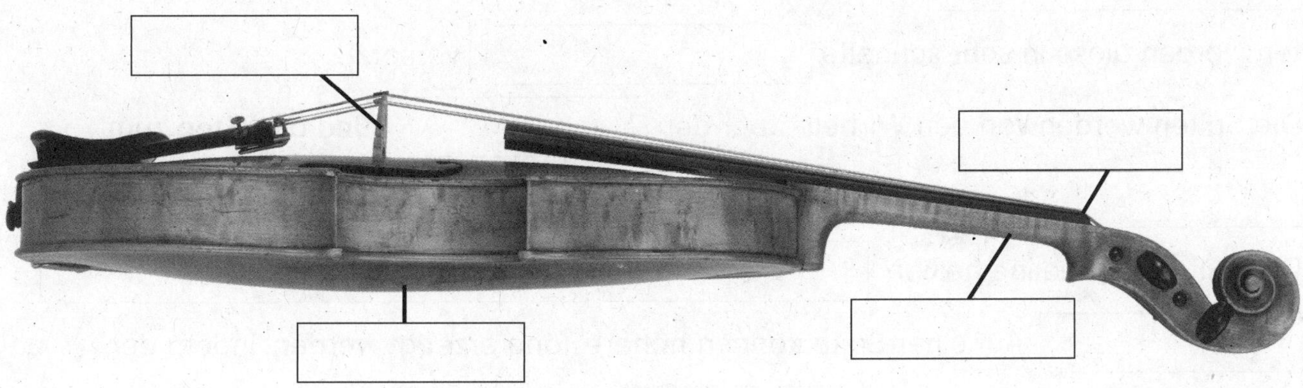

Ergänze den Lückentext. Die fehlenden Wörter findest du im Schülerbuch.

Zu den Streichinstrumenten gehören: _____, _____, _____, _____.

Die vier Streichinstrumente sind in ihrer _____ sehr ähnlich. Sie unterscheiden sich hauptsächlich in ihrer _____. Die Streichinstrumente werden in so unterschiedlichen Größen gebaut, weil die Tonhöhe vor allem von der _____ der Saiten abhängig ist. Je länger die Saite, umso _____ der Ton. Die Saiten des Kontrabasses sind etwa _____ wie die Saiten der Violine.

Man kann die Saiten mit dem Bogen _____, mit den Fingern _____ oder mit der Bogenstange _____. Der Bogen ist mit _____ bespannt. Beim Anstreichen, Zupfen oder Schlagen der Saiten werden diese in sehr schnelle _____ versetzt.

Die Saiten werden von den Wirbeln über den _____ und den Steg zum _____ geführt.

Die Saiten der Violine heißen: _____, _____, _____, _____. Auf einer Saite können höhere Töne erzeugt werden, indem der schwingende Teil der Saite _____ wird. Dies geschieht dadurch, dass die Saite mit den Fingern der linken Hand auf das _____ gedrückt wird.

① Du hörst Musik für Streichinstrumente.

② Schneide die Instrumente vom Ausschneideblatt 1 (Seite 43) aus und klebe sie zu den Hörbeispielen.

③ Schreibe auf, was dir beim Hören auffällt.

a) Duett für Violine und Viola (W. A. Mozart)

b) Sonate für Viola und Kontrabass (K. D. von Dittersdorf)

c) Cello-Suite (J. S. Bach)

d) Streichersonate (G. Rossini)

① Trage die folgenden Wörter in die Kästchen ein:
Thema, Variation 1, Variation 2

② Schreibe einige Sätze über die Musik. Welche Instrumente spielen jeweils das Thema (Melodie)? Was hat sich bei den Variationen gegenüber dem Thema verändert?

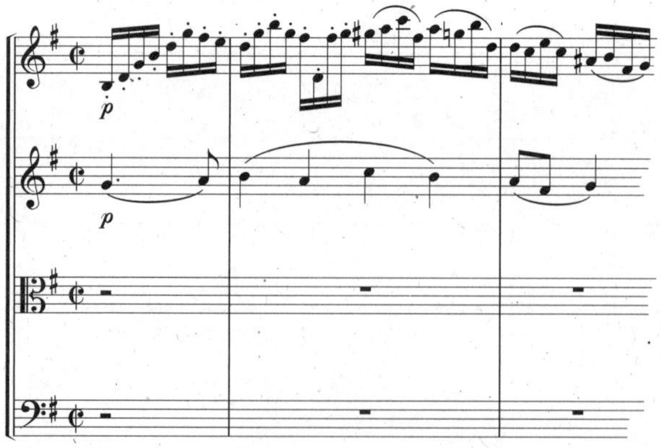

zu Seite 27

① Du hörst vier Ausschnitte aus „Der Herbst“ von Antonio Vivaldi.
Schreibe die Texte A bis D (Schülerbuch) passend zu den Noten.

② Nummeriere die Ausschnitte in der Reihenfolge, wie du sie hörst.

Ergänze den Lückentext. Die fehlenden Wörter und Zahlen findest du im Schülerbuch.

Johann Sebastian Bach wurde am 21. März 1685 in ________ geboren. Viele seiner Vorfahren waren bereits bedeutende ________. Im Alter von ____ Jahren verlor er seine Mutter und ein Jahr später auch seinen Vater. Als zehnjähriger Waise wurde er in die Familie seines ältesten Bruders Johann Christoph Bach in ________ aufgenommen. Von seinem Bruder erhielt er Unterricht auf dem ________, der ________ und der Violine. ____ Jahre lang wohnte Johann Sebastian Bach bei seinem Bruder. Dann machte sich der Fünfzehnjährige zu Fuß auf den 300 km weiten Weg nach ________, wo er sich als ________ an der Michaelisschule bewarb. Wegen seiner schönen ________ wurde er in den Chor aufgenommen. Mit 18 Jahren trat Johann Sebastian Bach in ________ seine erste Stelle als ________ an. Im Alter von ____ Jahren wurde Bach in Leipzig ________ an der Thomaskirche. Zur Thomaskirche gehörte auch die ________. Dort hatte er die Schüler in Musik und Instrumentalspiel, aber auch in der ________ Sprache zu unterrichten. Jeden Sonn- und Feiertag musste er im Gottesdienst eine neue ________ aufführen. Bach starb im Alter von ____ Jahren.

① Trage zu den Noten passend ein:
Air, Toccata, Kantate, Chor, Streicher, Orgel, gesungen, schnell, festlich

② Nummeriere die Ausschnitte in der Reihenfolge, wie du sie hörst.

○

____

____

○

____

____

○

____

____

① Die Karte zeigt dir, wo Bach lebte und wirkte. Trage die fehlenden Zahlen bei den Städten ein. Das Schülerbuch kann dir dabei helfen.

② Male die Städte rot, die Gewässer blau.

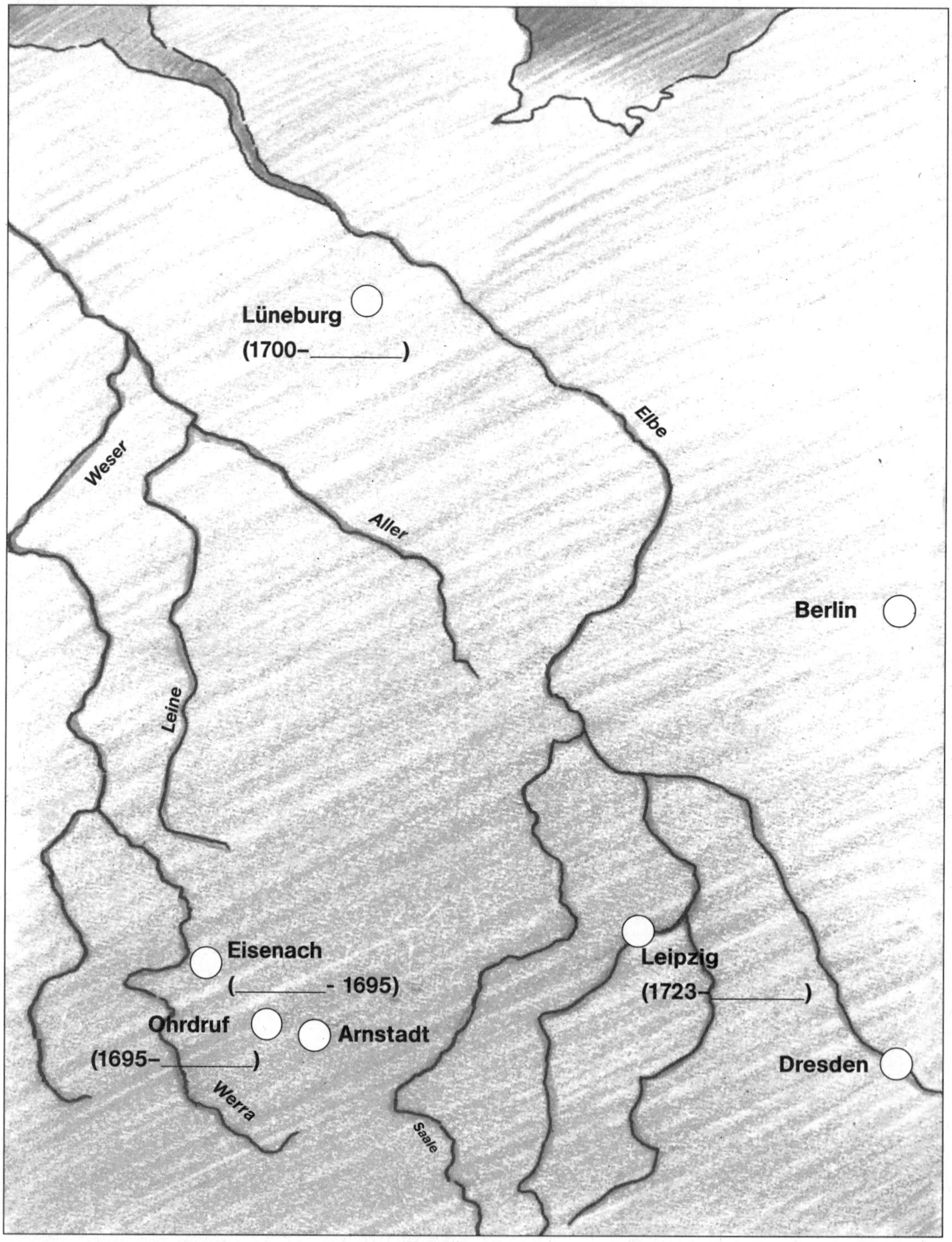

zu Seite 38, 39

① Ordne den Musikausschnitten die Texte zu. Ausschneideblatt 2 (Seite 45)

Hörbeispiel	Text	Reihenfolge	
Der Schneemann entsteht 		○	○
Die Spieldose 		○	○
Die Motorradjagd 		○	○
Flug durch die Nacht 		○	○
Tanz der Schneemänner 		○	○

② Nummeriere die Musikausschnitte in der Reihenfolge, wie du sie hörst.
Es sind zwei Durchgänge mit unterschiedlicher Reihenfolge möglich.

① Schreibe zu jedem Takt die passende Taktart $\frac{2}{4}$, $\frac{4}{4}$ oder $\frac{3}{4}$.

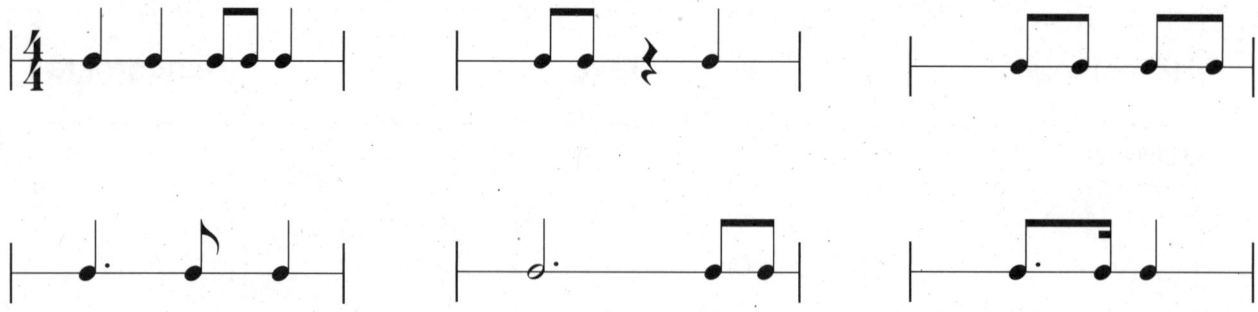

② Bilde Takte mit beliebigen Notenwerten und Pausenzeichen.

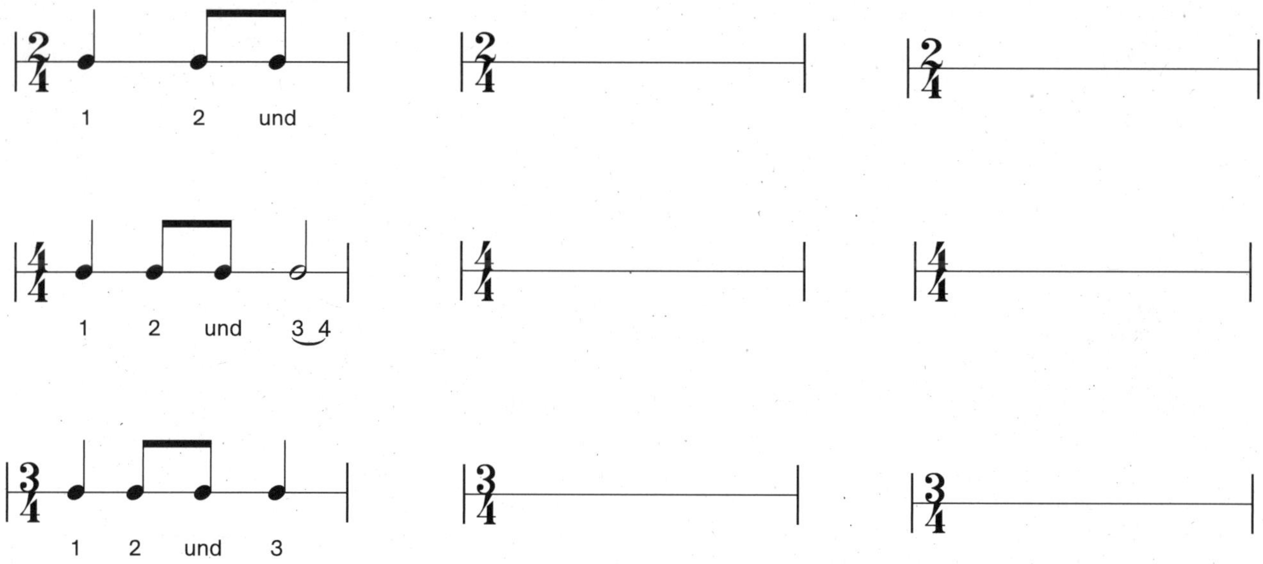

③ Schreibe die fehlenden Notenwerte und Taktangaben in die leeren Kästchen.

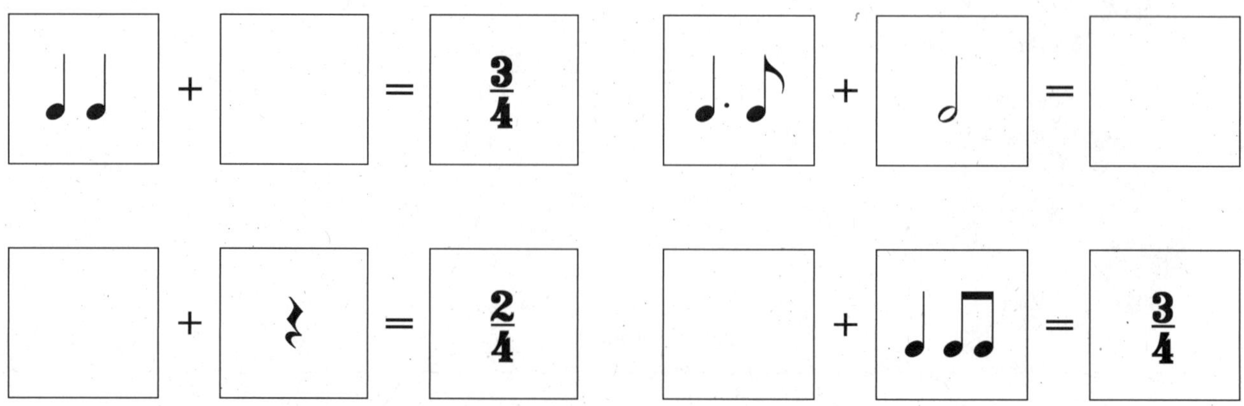

① Schreibe unter die Noten und Pausen, wie man zählt.
Beachte den Auftakt.

A 

B 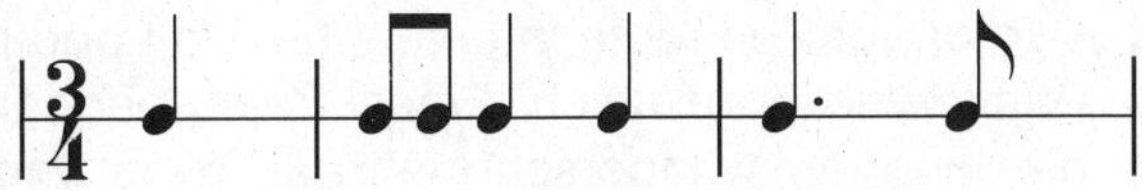

C 

D 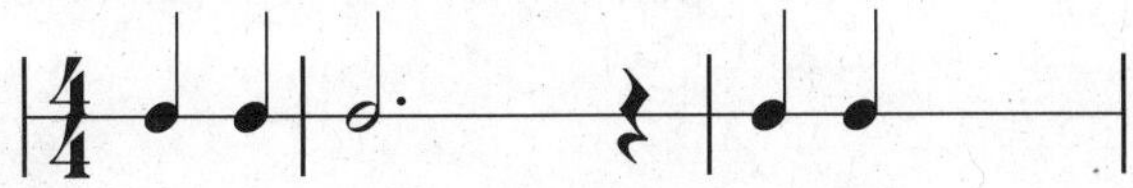

② Ergänze die Auftakte und Schlusstakte mit beliebigen Notenwerten.

E 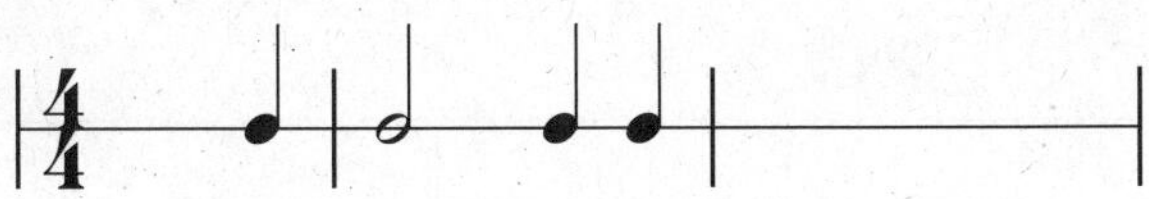

F 

G 

H 

③ Trage die fehlenden Taktangaben $\frac{2}{4}$, $\frac{4}{4}$ oder $\frac{3}{4}$ ein.

I 

J 

K 

L 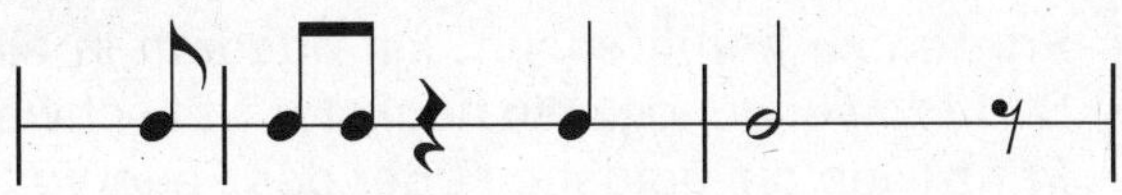

④ Verwandle den Zweiertakt in einen Dreiertakt.
Schreibe jeweils unter die Noten, wie man zählt.

Schreibe die Klanggestaltung zu „Das Märchen vom Feuervogel und dem bösen Zauberer" mit einfachen Zeichen auf.

Vor langer Zeit lebte in einem fernen Land der Prinz Iwan Zarewitsch. Eines Tages begegnet dieser einem wunderschönen, hell in der Sonne leuchtenden Vogel, dem Feuervogel. Der Prinz will den Vogel fangen. Bei der Verfolgung gerät er in den unheimlichen Garten des bösen Zauberers Kaschtschei.	

Als der Feuervogel gerade um einen Baum mit goldenen Äpfeln tanzt, gelingt es Iwan, den Vogel zu fangen. Er lässt ihn aber wieder frei, als dieser ihm zur Belohnung eine wunderkräftige, goldene Feder verspricht.	

Aus dem Schloss des bösen Zauberers kommen 13 Prinzessinnen, die von Kaschtschei in seinem Reich gefangengehalten werden. Die Prinzessinnen beginnen um den Baum mit goldenen Äpfeln einen anmutigen Reigen zu tanzen. Iwan verliebt sich in die schönste von ihnen, die Prinzessin Zarewna.	

Er will in das Schloss des Zauberers eindringen, um Zarewna zu befreien. Als der Zauberer ihn entdeckt, gerät er außer sich vor Wut und vollführt mit seinen Untertanen einen wilden Höllentanz. Dabei versucht der Zauberer den Prinzen zu berühren, um ihn dadurch in einen Stein zu verwandeln. In höchster Not schwenkt Prinz Iwan die goldene Feder des Feuervogels.	

Sofort erscheint der Feuervogel und verrät dem Prinzen ein Geheimnis: Unsterblichkeit und Zauberkraft des Zauberers Kaschtschei sind verborgen in dem Lebensei, das sich in einem Kästchen befindet. Prinz Iwan packt das Ei und zerschmettert es. Der böse Zauberer stürzt tot zu Boden. Nun sind die Prinzessinnen frei und alle vom Zauberer in Steine verwandelten jungen Männer erwachen langsam wieder zum Leben. Iwan und Zarewna aber werden ein glückliches Paar.	

Schneide vom Ausschneideblatt 2 (Seite 45) die Bilder, Musikbeschreibungen ⓐ bis ⓓ und die Überschriften aus und klebe sie entsprechend in die Tabelle.

Ablauf	Bild	Überschrift	Musikbeschreibung
1			
2			
3			
4			

Schreibe noch einige Sätze zu den Beschreibungen der Hörbeispiele (Aufgabe ③, Seite 53).

Musikbeschreibungen	Ergänzende Musikbeschreibungen
Im unheimlichen Garten des bösen Zauberers Kaschtschei (B 33): Tief klingende Streichinstrumente spielen ruhige Tonbewegungen. Verschiedene Blasinstrumente setzen nacheinander ein und spielen Folgen aus meist kurzen Tönen …	
Der Feuervogel tanzt um den Baum mit goldenen Äpfeln (B 32): Streichinstrumente spielen schnelle Tonbewegungen. Nach einer Pause zupfen Streichinstrumente kurze Töne. Dazu spielen Pikkoloflöte, Klarinette und andere Instrumente schnell wechselnd kurze Tonfolgen …	
Die Prinzessinnen tanzen einen anmutigen Reigen (B 35): Zwei Flöten tragen in ruhigem Tempo eine kleine Melodie vor. Nach einer Überleitung der Solo-Violine spielt eine Oboe die Melodie eines russischen Volksliedes. Diese Melodie wird von Cello, Klarinette und Fagott weitergeführt …	
Der Höllentanz des Zauberers Kaschtschei (B 34): Der Satz beginnt mit einem gewaltigen „Schlag“ des ganzen Orchesters. Pauken spielen rasend schnelle Sechzehntelnoten. Tiefe Blasinstrumente setzen mit kurzen „abgehackten“ Melodien ein …	

Das Klavier

zu Seite 58, 59

Ergänze den Lückentext. Die fehlenden Wörter und Zahlen findest du im Schülerbuch.

Das Klavier zählt zu den ____. Es gibt heute zwei Formen: den ____ und das ____.

Der Flügel wird in dieser Form und Größe gebaut, weil die Saiten ____ verlaufen. Der große Klangkörper kann es selbst mit der Lautstärke eines ____ aufnehmen. Es wird vor allem als Soloinstrument und bei Konzerten in großen Sälen verwendet.

Als man herausfand, dass man die Saiten auch ____ spannen kann, erhielt das Piano sein heutiges Aussehen. Das Piano wird heute auch ____ genannt. Es braucht wegen seiner Form auch weniger Platz und ist deshalb für das Musizieren zu ____ besonders geeignet. Das Klavier hat bis zu ____ Tasten. Zu den 15 ersten weißen und schwarzen Tasten gehört jeweils ____ ____ Saite aus Metall. Zu den nächsten 16 Tasten gehören jeweils zwei ____ ____ Saiten. Zu den übrigen 57 Tasten gehören jeweils ____ ____ Saiten. Die Saiten sind über einen stabilen ____ aus Gusseisen gespannt. Jede Saite ist um einen ____ gewunden.

Drückt man eine Taste nieder, so schlägt ein kleiner filzbezogener ____ auf die dazugehörenden Saiten. Um einen einzelnen Tastenanschlag auf die Saiten zu übertragen, sind etwa ____ bewegliche Teile notwendig. Der Klavierbauer bezeichnet diese Vorrichtung zur Erzeugung der Töne als ____. Durch den Anschlag werden die Saiten in ____ versetzt, es entsteht ein Ton. Die heutige Klavierbauweise mit dem Gusseisenrahmen gibt es seit ____.

Trage an der richtigen Stelle ein:
Hämmerchen, Holzgehäuse, Klaviatur, Metallrahmen, Resonanzboden, 3 Saiten für jeden hohen Ton, 2 Saiten für jeden mittleren Ton, 1 Saite für jeden tiefen Ton, Stimmnagel.

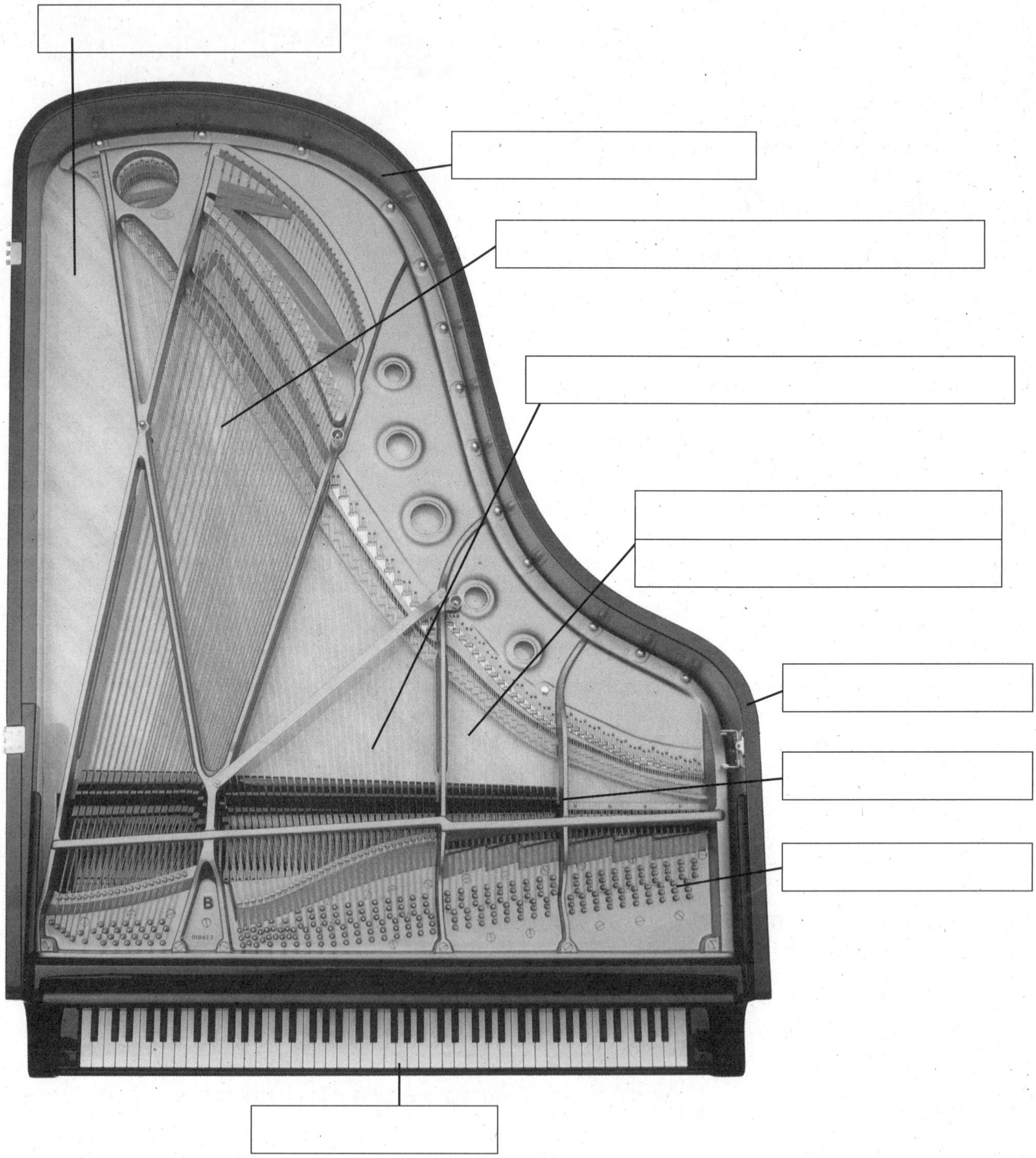

Das Klavier

zu Seite 58, 59

Besorge dir in einem Musikgeschäft Prospekte von Klavier und Flügel.
Trage in die Tabelle ein.

Klavier

Name	Höhe	Breite	Gewicht	Preis

Flügel

Name	Höhe	Breite	Länge	Gewicht	Preis

Die Tonleiter

zu Seite 60, 61

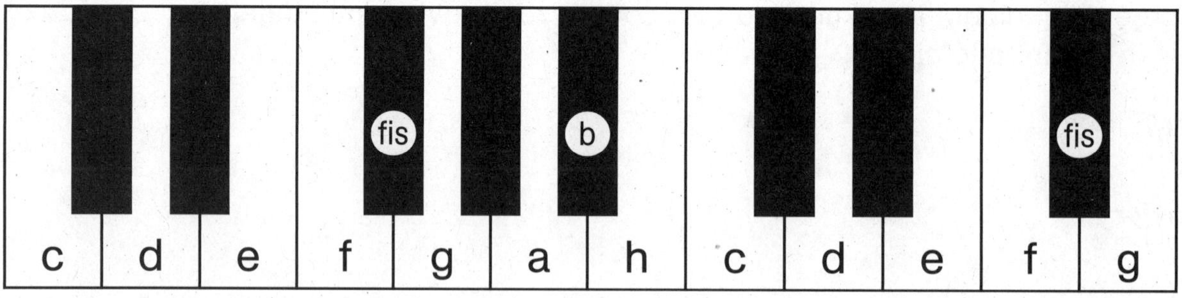

_____ Dur-Tonleiter

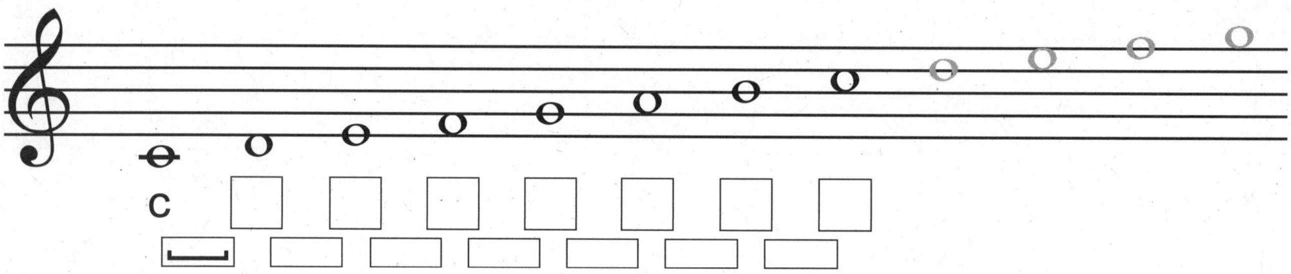

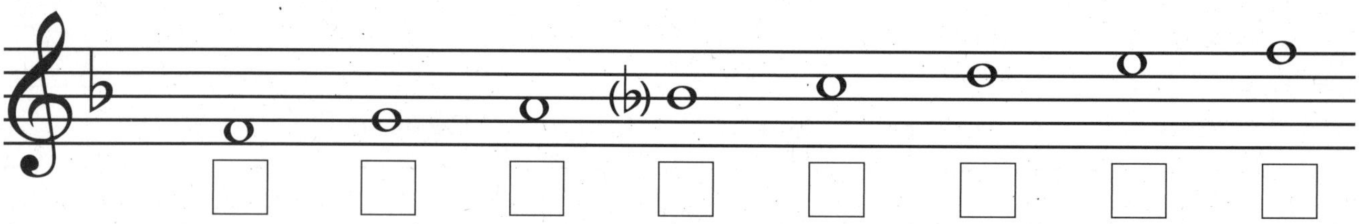

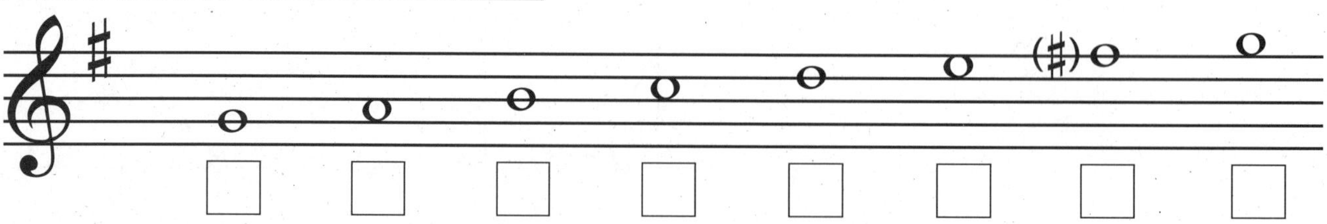

① Trage den Namen jeder Tonleiter ein.

② Schreibe bei jeder Tonleiter die Namen unter die Noten.

③ Trage bei der Tonleiter in C-Dur die Zeichen für die Ganztonschritte ⌴ und die Halbtonschritte ∨ ein.

Ergänze den Lückentext. Die fehlenden Wörter und Zahlen findest du im Schülerbuch.

Die Melodie der deutschen Nationalhymne stammt von ______ ______. Er komponierte zum Geburtstag des Kaisers im Jahre ______ das Lied „Gott erhalte Franz den Kaiser". Der deutsche Dichter ______ ______ ______ schrieb zu dieser Melodie im Jahre 1841 das Gedicht „______ ______ ______ ______". Deutschland war damals in viele ______ ______ zersplittert. Viele Menschen waren deshalb ______. Sie wollten ein ______ deutsches Vaterland. Das Gedicht brachte das ______ der Menschen zum Ausdruck. Zur Nationalhymne von Deutschland wurde das Lied aber erst im Jahre ______ erklärt. Seit 1952 wird nur noch die ______ ______ „Einigkeit und Recht und Freiheit" als deutsche Nationalhymne gesungen. Jeder ______ hat seine eigene Nationalhymne.

Die Länder der ______ ______ haben eine gemeinsame Hymne. Den Text „Freude schöner Götterfunken" schrieb der Dichter ______ ______. Die Musik stammt aus der 9. Sinfonie von ______ ______ ______.

Ergänze den Lückentext. Die fehlenden Wörter und Zahlen findest du im Schülerbuch.

Wolferl im Galakleid

Wolfgang Amadeus Mozart wurde am 27. Januar 1756 in ________, einer bekannten Stadt in Österreich, geboren. Der Vater ________ ________ war ein sehr gebildeter Mann, von Beruf Musiker, Geigenlehrer und ________. Um den kleinen Wolfgang war vom ersten Tag an immer ________. Die viereinhalb Jahre ältere Schwester Anna Maria, genannt ________, war eine sehr begabte ________. Das ________ wurde Wolfgangs liebstes Spielzeug. Sein Vater erkannte, dass eine außergewöhnliche ________ in seinem Sohn schlummerte. Wolferl und seine Schwester besuchten nie eine ________, sie lernten alles von ihrem Vater: Klavier und Violine spielen, Komponieren, Lesen, Schreiben, Rechnen, Französisch, Italienisch … Im Alter von ____ Jahren machte Wolferl auch schon erste Versuche im ________. Zwei Jahre später spielte Wolferl bereits hervorragend ________, ________ und ________. Der Vater war davon überzeugt, dass Gott an seinen Kindern ein ________ vollbracht habe. Er fühlte sich deshalb verpflichtet, seine Kinder der Welt zu ________. Die Familie Mozart unternahm im Jahr 1762 die erste Konzertreise nach ________. Im gleichen Jahr erfolgte die zweite Reise, die sie in die Hauptstadt ________ führte. Der Höhepunkt dieser Reise war der Auftritt vor der ________ im Spiegelsaal des Schlosses Schönbrunn.

① Trage die Instrumente zu den Hörbeispielen ein:
Großes Orchester, Klavier
Großes Orchester und Chor, Klavier und Orchester,
Klarinette und Orchester, Streichorchester

② Nummeriere die Hörbeispiele in der Reihenfolge, wie du sie hörst.
Es sind zwei Hördurchgänge möglich.

Hör-beispiel	Name des Musikstücks	Instrumente	1. Hören	2. Hören
C 1	Eine kleine Nachtmusik I. Satz: Allegro (1.50 Min.)		◯	◯
C 2	Klavierkonzert Nr. 20 III. Satz: Romance (1.39 Min.)		◯	◯
C 3	Klarinettenkonzert A-Dur III. Satz: Rondo (1.23 Min.)		◯	◯
C 4	Streichquartett Nr. 22 I. Satz: Vivace Assai (1.15 Min.)	Violine 1, Violine 2 Bratsche Cello	◯	◯
C 5	Sinfonie Nr. 40 I. Satz: Molto Allegro (2.08 Min.)		◯	◯
C 6	Klaviersonate Nr. 13 I. Satz: Allegro (1.35 Min.)		◯	◯
C 7	Requiem I. Introitus (1.43 Min.)		◯	◯

① Trage in die Klangpartitur die Instrumente ein, die jeweils zu hören sind.
Male die einzelnen Teile mit unterschiedlichen Farben an.

② Schreibe den Bauplan des Rondos mit Buchstaben auf. Verwende für den Teil, der mehrmals wiederkehrt, den Buchstaben A, für die unterschiedlichen Zwischenteile die Buchstaben B, C, D. Male die Kästchen der Klangpartitur entsprechend an.

A						

① Male die Bausteine mit unterschiedlichen Farben an.

② Trage dann im Bauplan die Buchstaben ein und färbe die Kästchen entsprechend.

③ Gestalte zusammen mit anderen ein Rhythmus-Rondo mit Instrumenten.

A: Thema

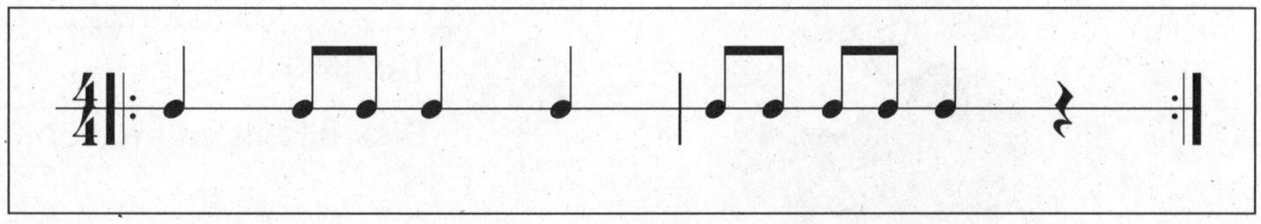

B: Zwischenteil

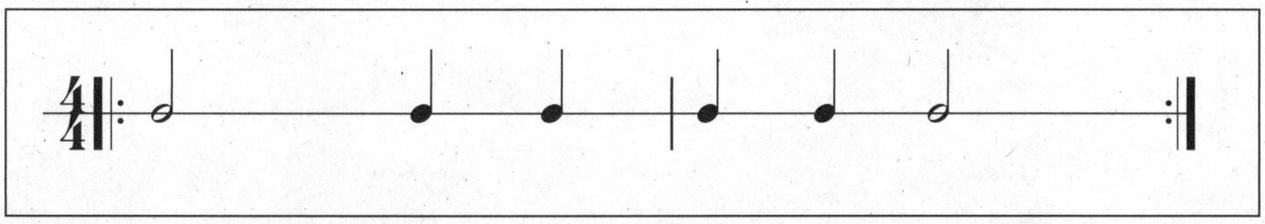

C: Zwischenteil

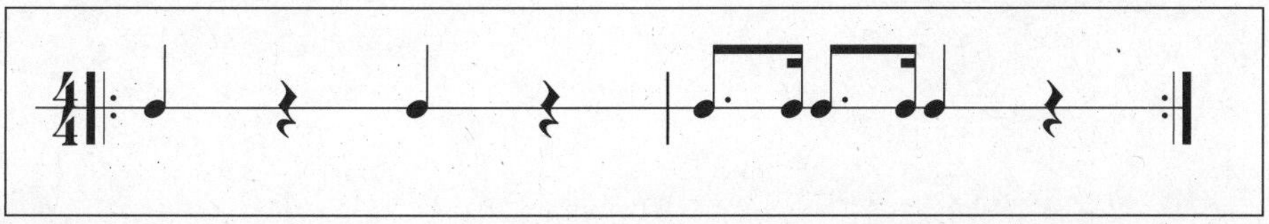

D: Zwischenteil

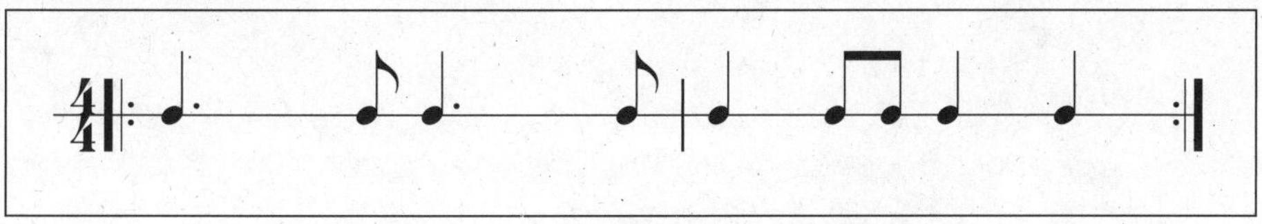

Bauplan (Rondo)

A						

Die Zauberflöte

Trage in die Kästchen ein:
Sopran, Tenor, Bass, Chor, Orchester, Texte gesprochen

1 OUVERTÜRE

2 PAPAGENO
Der Vogelfänger bin ich ja

3 TAMINO
Dies Bildnis ist bezaubernd schön

4 TAMINO
Wie stark ist nicht dein Zauberton

5 MONOSTATOS, SKLAVEN
Das klinget so herrlich

6 MARSCH DER PRIESTER

7 SARASTRO
O Isis und Osiris

8 EINE SCHRECKLICHE NACHT

9

KÖNIGIN DER NACHT
Der Hölle Rache kocht in meinem Herzen

10

SARASTRO
In diesen heil'gen Hallen

11

PAPAGENO
Ein Mädchen oder Weibchen

13

PAPAGENO
Pa-Pa-Pa-Pa-Pa-Pa-Papagena!

PAPAGENA
Pa-Pa-Pa-Pa-Pa-Pa-Papageno!

12

PAMINA UND TAMINO
DURCHSCHREITEN DAS FEUER

14

DIE DREI DAMEN MONOSTATOS
Dir, große Königin der Nacht

15

CHOR DER PRIESTER
Heil sei euch Geweihten

Ergänze den Lückentext. Die fehlenden Wörter und Zahlen findest du im Schülerbuch.

Germaine Tailleferre (1892 – 1983)

Germaine Tailleferre wurde 1892 in der Nähe der französischen Hauptstadt ___ geboren. Schon als Kind zeigte sie großes Interesse an der ___. Am liebsten hörte Germaine die Kompositionen von ___.

Von ihrer Mutter erhielt sie den ersten ___. Bereits im Alter von ___ Jahren komponierte sie kleine Stücke für Klavier. Als Germaine zwölf Jahre alt war, besuchte sie mit Unterstützung ihrer Mutter heimlich die ___ in Paris und studierte ___ und ___. Während ihres Studiums erhielt sie viele ___. Um sich das Geld für die ___ und die ___ zu verdienen, musste sie Klavierunterricht geben. 1918 zog sie nach ___, einem Stadtteil von Paris. Dort lebten und arbeiteten viele ___. Germaine Tailleferre hatte seit jeher eine besondere Liebe zur Malerei. Sie wollte Malerin werden und nahm Unterricht im Zeichnen und Malen. Sie entschied sich aber schließlich doch für die Musik. In der Öffentlichkeit wurden die Kompositionen von Frauen kaum ___. Die Musik von Germaine Tailleferre fand aber nach und nach immer mehr ___ und ___. So wurde ihr Ballett „Marchand d'oiseaux" von 1923 bis 1925 über ___ Mal aufgeführt. Bis kurz vor ihrem Tode komponierte sie noch zahlreiche kleine ___ für Kinder.

Takte	2	2	2	2	4	4	4	2
Hervortretende Instrumente								

① An dem Computerbild kannst du den Verlauf des Musikausschnittes „Image“ erkennen. Die Hüllkurven (oberer und unterer Rand) zeigen die Lautstärke.

② Folgende Instrumente kannst du heraushören: Celesta, Flöte, Klarinette, Klavier, Streichinstrumente. Trage sie in der richtigen Reihenfolge zum entsprechenden Computerbild passend in die Tabelle ein.

Orchesterführer für junge Leute

Trage die Namen der Instrumente in die Kästchen ein:
Siehe Buch Seite 78 ❶ bis ㉖

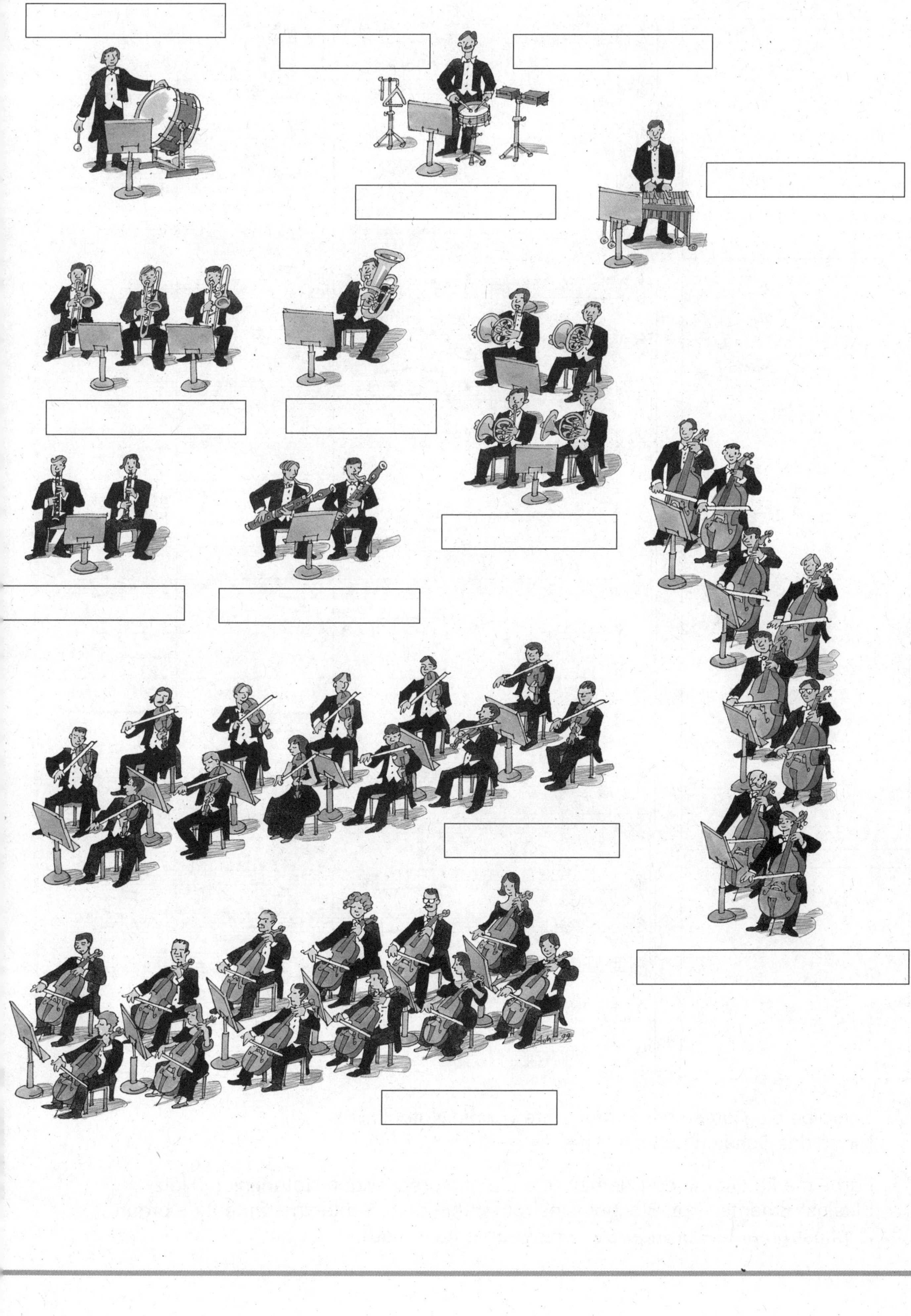

① Schreibe die Namen der Instrumente vor die Notenlinien.
Nimm das Schülerbuch zur Hilfe.

② Färbe die Felder mit den Namen und die entsprechenden Notenlinien (Holzblasinstrumente – rot, Blechblasinstrumente – gelb, Schlaginstrumente – braun, Zupfinstrumente – orange, Streichinstrumente – blau).

Schneide vom Ausschneideblatt 3, Seite 47, die Instrumentenkärtchen aus und klebe sie ein.

Streichinstrumente

Holzblasinstrumente

Blechblasinstrumente

Schlaginstrumente

Zupfinstrumente

Ausschneideblatt 1

Zu Arbeitsheft Seite 9 (Planeten)

ⓐ Das Orchester mit Harfe und Celesta spielt zarte, geheimnisvolle Klänge. Ein Frauenchor setzt leise ein und singt eine einfache Melodie, die sich mehrmals wiederholt. Das Orchester verstummt und der Gesang des Frauenchors verklingt allmählich in der Ferne.	ⓑ Streichinstrumente beginnen leise mit einem trommelartigen, unheimlich wirkenden Rhythmus. Tiefe Blasinstrumente setzen mit bedrohlich wirkenden Signalen ein. Hohe Blasinstrumente kommen hinzu. Die Lautstärke nimmt mehrmals zu und ab. An einigen Stellen hört man den gespenstischen Klang des Gonges. Gegen Schluss schwillt die Lautstärke zu einem ohrenbetäubenden Lärm an.
ⓒ Das Solo-Horn spielt leise eine aufsteigende Melodie. Beim zweiten Mal antworten Flöten und Oboen leise mit einer absteigenden Melodie. Das Horn spielt nochmals die Melodie. Flöten, Oboen und Klarinetten antworten. Jetzt setzen weitere Instrumente mit ruhig wiegenden Tonfolgen ein. Noch einmal spielt das Horn die Melodie, die wieder von Flöten und Oboen beantwortet wird.	ⓓ Die Solo-Violine spielt leise eine Melodie. Flöten begleiten mit langen Tönen. Es folgen Oboe und Klarinette mit kurzen Melodien, die von Streichinstrumenten untermalt werden. Jetzt spielen Streichinstrumente die Melodie, die rasch lauter wird. Danach spielt das Cello die Melodie. Nach ruhig wiegenden Tonfolgen des Orchesters spielt das Horn eine aufsteigende Melodie.
ⓔ Das Orchester spielt sehr laute Töne. Die Lautstärke nimmt allmählich ab. Streichinstrumente und Holzblasinstrumente spielen auf- und abwärts sehr schnelle Tonfolgen. Danach schmettert das Orchester, von Pausen unterbrochen, kurze und harte Töne. Mit einem langen, tiefen Ton des Orchesters und mit lautem Paukenwirbel endet die Musik.	ⓕ Streichinstrumente und Harfen erzeugen leise, klirrende Klänge. Dazu spielen Blasinstrumente lange, tiefe Töne. Die Celesta (Tasteninstrument mit dem Klang eines Glockenspiels) spielt schnelle, auf- und abwärts perlende Tonfolgen. Tief klingende Streichinstrumente und Holzblasinstrumente spielen aufsteigende Tonfolgen.

Zu Arbeitsheft Seite 13 (Streichinstrumente)

Ausschneideblatt 2

Zu Arbeitsheft Seite 19 (Der Schneemann)

Der Schneemann schwang sich in den Sattel, der Junge nahm hinter ihm Platz – und nun brausten sie miteinander los. Das Motorrad war ihnen aber nicht schnell genug. Sie stellten es wieder an seinen Platz.	Sie flogen durch die Nacht und schwebten auf des Mondes Schein hoch über Land und Meer, über Dorf und Stadt, Hügel und See, Wälder und Strom, über Berg und Tal. Sie landeten schließlich hoch oben im Norden.
Da baute ein Junge einen Schneemann. Es wurde ein großer, stattlicher Bursche. Mit Augen aus Kohle und einer Rübennase. Der Junge band ihm ein grünes Halstuch um und setzte ihm einen alten Hut auf.	Lauter Schneemänner hatten sich da versammelt. Und mitten unter den vielen Schneemännern saß der Weihnachtsmann. „Ihr kommt gerade im richtigen Augenblick“, sagte er, „gleich beginnt hier der Tanz der Schneemänner“.
„Komm ins Spielzimmer!“, sagte der Junge. Dort stand eine Spieluhr. Diese zogen sie auf – und dann tanzten sie zur Musik. Sie tanzten bis ihnen der Atem wegblieb. Dann fielen sie auf den Teppich und ruhten sich aus.	

Zu Arbeitsheft Seite 23 (Der Feuervogel)

(a) Zwei Flöten tragen in ruhigem Tempo eine kleine Melodie vor. Nach einer Überleitung der Solo-Violine spielt eine Oboe die Melodie eines russischen Volksliedes. Diese Melodie wird von Cello, Klarinette und Fagott weitergeführt …	(b) Der Satz beginnt mit einem gewaltigen „Schlag“ des ganzen Orchesters. Pauken spielen rasend schnelle Sechzehntelnoten. Tiefe Blasinstrumente setzen mit kurzen „abgehackten“ Melodien ein …
(c) Tief klingende Streichinstrumente spielen ruhige Tonbewegungen. Verschiedene Blasinstrumente setzen nacheinander ein und spielen Folgen aus meist kurzen Tönen …	(d) Streichinstrumente spielen schnelle Tonbewegungen. Nach einer Pause zupfen Streichinstrumente kurze Töne. Dazu spielen Pikkoloflöte, Klarinette und andere Instrumente schnell wechselnd kurze Tonfolgen …

Der Feuervogel tanzt um den Baum mit goldenen Äpfeln	Im unheimlichen Garten des bösen Zauberers Kaschtschei
Der Höllentanz des Zauberers Kaschtschei	Die Prinzessinnen tanzen einen anmutigen Reigen

Ausschneideblatt 3

Zu Arbeitsheft Seite 41, 42 (Instrumente)

 Horn	 Violine	 kleine Trommel
 Holzblocktrommel	 Gong	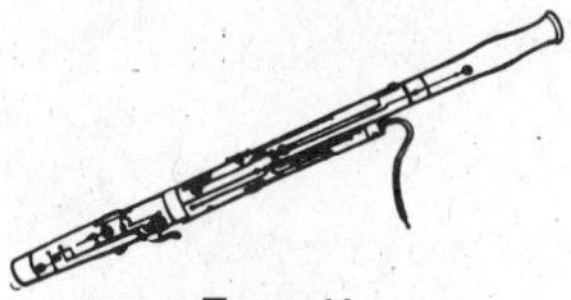 Fagott
 Kontrabass	 Kesselpauke	 Bratsche
 Tamburin	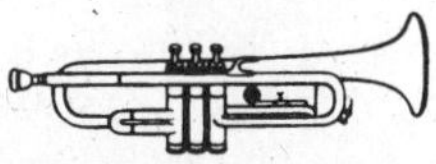 Trompete	 Triangel
 Oboe	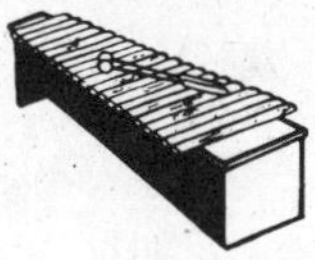 Xylophon	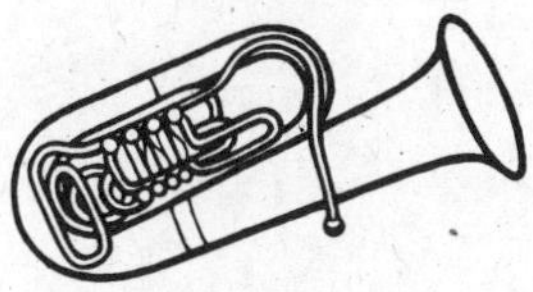 Tuba
 Querflöte	 Peitsche (Tritsche)	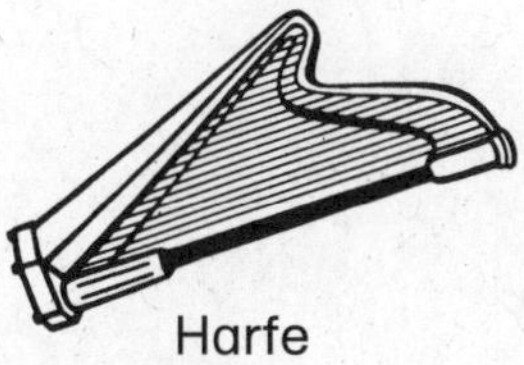 Harfe
 Kastagnetten	 Violoncello	 Pikkolo-Flöte
 Posaune	 Becken	 Klarinette
	 große Trommel	